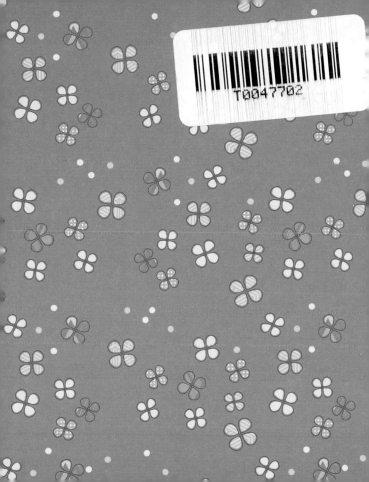

be + happy

ideas prácticas para ser + feliz

Grupo ROBIN BOOK

Barcelona - México
Buenos Aires

be + happy

ideas prácticas para ser + feliz

Dominique Foufelle

Ilustraciones: Gwenn Rouvillois

Traducción: Eva Jiménez Julià

LIBROAMIGO

1 Pasar el domingo en la cama cuando llueve.

2 No cocinar el domingo por la noche.

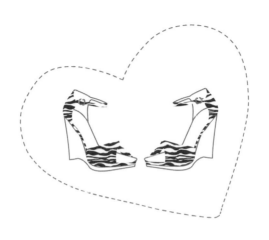

3 Darse el capricho de unos
zapatos nuevos.

4 Tragarse un novelón.

5 No perder la calma en ninguna circunstancia.

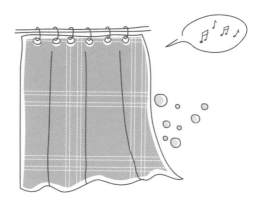

6 Cantar en la ducha, aunque sea mal.

7 Ir a pescar… y volver con las manos vacías.

8 Ir a comprar sin prisas para escoger las mejores frutas y verduras.

9 Devorar una montaña de nata.

10 Observar el vuelo de las mariposas.

 Tener siempre un ramo de flores frescas en casa o en la ofcina.

12 Grabar las canciones preferidas en un lector de MP3... y tenerlo siempre a mano como remedio contra la tristeza.

Es la historia de un amor que...

Noche en Blanco
Películas de terror

13 Ver varias películas seguidas sin preocuparse de la hora.

14 Cenar sardinas/pan/ mantequilla.

15 Dar rienda suelta a la
generosidad: hacer un donativo
a una asociación, ayudar a un
amigo en apuros, hablar con los
que lo están pasando mal...

16 Conducir un descapotable por una carretera junto al mar.

En caso de no tener, alquilar uno.

 Salir a tiempo... De nada sirve
correr.

18 Anotar en una libretita los pensamientos e ideas positivos… y llevarla siempre encima.

19 Confesar sin vergüenza
que nos gustan los cantantes
populares, los escritores
de bestsellers, las películas
cómicas, los grandes éxitos de
taquilla...

20 Saber mentir por una buena causa.

21 Coger moras... e irlas comiendo.

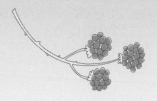

22 Simular una enfermedad para escaquearse de una cena de trabajo.

23 Tomar el aperitivo bajo los árboles.

24 Comprobar que estamos en sintonía con nuestro reloj biológico. ¿No? Pues hay que modificar nuestros hábitos porque el reloj no va a cambiar. ¿Un ejemplo? Ir a dormir cuando se tiene sueño o hacer la siesta cuando se dan cabezadas sobre el escritorio.

25 Decidir de repente salir de la autopista y explorar la zona.

26 Pedir a un pariente que cuente por enésima vez la famosa anécdota que nunca nos cansamos de escuchar.

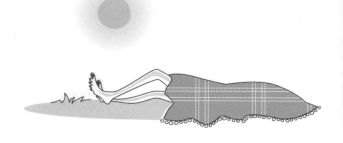

27 Poner las piernas al sol.

28 Jugar a la petanca y soltar tacos cuando se pierde.

29 Darse el capricho de un tratamiento facial completo.

30 Volver a leer la novela preferida.

31 Hacerse traer el desayuno a la cama.

32 Deshacerse de todo cuanto nos impide sentirnos bien en casa: sofá incómodo, cortinas anticuadas, platos desportillados... Y de todas esos objetos, esos recuerdos de vacaciones de aspecto ofensivo que solo son nidos de polvo. ¡Basta ya!

33 Mimar al gato, al perro, a la tortuga...

34 Permitirse una buena siesta.

35 (Re)iterar a los amigos cuánto
los queremos.

36 Hacer el muerto con los ojos cerrados.

37 Abstraerse totalmente con un bordado, un collage, un dibujo, una caligrafía... Resumiendo, dejar la mente en blanco.

38 Posponer un placer (llamar por teléfono al ser amado, abrir una caja de bombones...) para saborearlo mejor.

39 Atreverse a confesar a alguien que se le admira.

40 Andar descalzo sobre una alfombra mullida.

41 Darse un masaje en los pies (o
hacérselos masajear).

zzzzz

42 Pasar del maquillaje un domingo de reclusión en casa.

43 Colgarse cerezas en las orejas.

44 Salir a admirar la puesta de sol.

45 En invierno, cruzar la calle para andar por la acera soleada.

46 Jugar a las cartas con amigos
hasta el amanecer.

47 Ir a la peluquería sin cita previa.

48 Concederse una pequeña pausa al día. Hablar por teléfono con un amigo, tomar un café en la terraza (mejor que junto a la fotocopiadora), discutir con el comercial preferido... Unos diez minutos de pausa y todo vuelve a empezar con buen pie.

49 Ayudar a un niño a redactar la carta a Papá Noel o a los Reyes Magos... Luego preguntarse por qué no escribir otra para uno mismo.

50 Descorchar una botella de buen vino y decantarlo antes de compartirlo con los amigos.

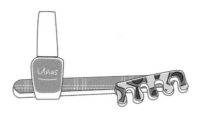

51 Prometerse no hacer nada útil durante todo el día... y mantener la promesa.

52 Refugiarse en un cine climatizado un día de mucho calor.

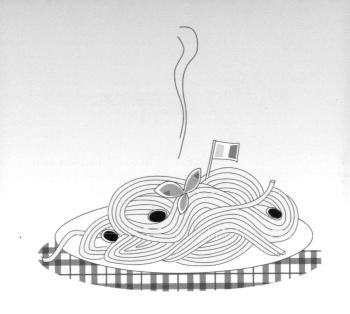

53 Dejarse de compras... ¿Y si cenamos fuera?

54 Darse un tranquilo paseo en barco.

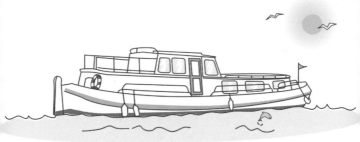

55 Recitar nuestro poema favorito al ser amado.

56 Para tener las manos suaves, calentar un bol con agua. Añadir dos cucharadas soperas de aceite de oliva y dos de zumo de limón. Comprobar la temperatura antes de sumergir las manos. O bien comprar una buena crema con aceite esencial de lavanda bio.

🌀 Contemplar las nubes e imaginar historias.

58 Darse el gusto de un buen masaje relajante.

59 Bailar solo(a) en casa.

60 Reproducir una y otra vez
nuestra canción favorita.

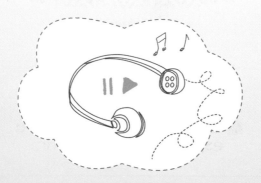

🌀 Cenar con cava sin nada
especial que celebrar.

62 Volver a ver nuestra película romántica preferida... y llorar a mares.

Sniff !!

63 Llevar a los niños al zoo, al circo, a las marionetas...

64 Organizarle una cena con comida preparada... ¡y con velas!

Te quiero

65 Llamar por teléfono al marido/ la esposa solo para decirle que le/la quieres.

66 Enviarle un mensaje de texto
para repetírselo.

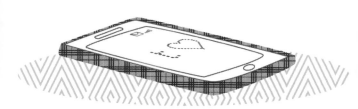

67 Dejarle escritas unas palabras de amor sobre la mesa del desayuno.

68 Regresar antes del trabajo y prepararse para recibirlo/ recibirla.

69 Monopolizar el cuarto de baño durante dos horas sin sentirse culpable.

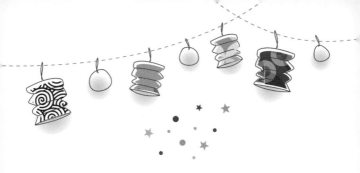

70 Reunir a los amigos para una gran fiesta.

71 Preparar un refrigerio con productos frescos del mercado.

72 Hablar de nuestras aficiones para compartirlas mejor: la equitación, las tiendas de antigüedades, las colecciones, el canto, el punto de cruz... Nuestros autores favoritos, nuestra música favorita, nuestros cuadros favoritos...

73 Atreverse a elogiar a otro y dejarse llevar por su felicidad.

74 Ir pitando a la floristería más próxima en cuanto empieza el buen tiempo y adornar las ventanas de casa.

Plantas de primavera

75 Encontrar un sitio donde aparcar justo delante del lugar al que vamos.

76 Un día cualquiera preparar la mesa como si se tratara de un festivo.

77 Probarse ropa en una tienda vintage con un(a) amigo(a). Cuanto más pasada de moda, más divertido.

78 Poner la música a todo
volumen y cantar a pleno pulmón.

79 Comprarse un jersey de cachemira suave, muy suave.

80 Contar chistes tontos... y reírse a carcajadas.

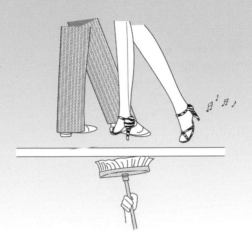

81 Improvisar una velada en casa con el hombre/la mujer de nuestra vida: ¡es tan maravilloso estar entre sus brazos!

82 Hojear un folleto de viajes (sin mirar los precios para no fastidiar el momento).

83 Tener un paraguas siempre a mano para no empaparse al menor chaparrón.

84 Prestar a un(a) amigo(a) el maravilloso libro que acabamos de leer.

85 Regalar a nuestro ser querido el perfume al que tanto deseamos que huela su piel.

Chic Perfume

86 Darse el capricho de descorchar otra botella al final de la comida.

87 Dar una planta que nos han regalado y que no nos gusta. ¡Le salvaremos la vida!

88 Enviar un ramo de flores a nuestra madre, nuestro padre, nuestra abuela, nuestro abuelo, nuestro hermano, nuestra hermana, a nuestro(a) "mejor"… a alguien querido a quien queremos volver a decírselo.

89 Acurrucarse en el calor del ser amado.

90 Poner la cafetera al fuego y esperar a que salga el café solo para disfrutar de su aroma.

91 Devorar una novela policíaca hasta bien entrada la noche sin dejar de estremecerse.

92 Prepararse un té de aroma delicado para llevarlo al baño.

93 Contemplar detenidamente
unos cuadros que ya conocemos
muy bien y saborear su
redescubrimiento.

94 Vaciar el bolso, seleccionar el contenido, volver a llenarlo... y asombrarse de lo poco que pesa.

95 Ver una película de dibujos animados con niños.

96 Cuando se viaja, catar las espacialidades locales: andouillettes en París, pastrami y coleslaw en Nueva York, pesce spada en Sicilia, donburi mono en Tokio, gözleme en Estambul, vatapa en Bahía... y descubrir qué se esconde tras estos nombres.

97 Observar las estrellas en una hermosa noche de agosto.

98 Cantarle a un niño una canción de nuestra infancia.

cinco lobitos
tiene la loba

99 Pirrarse por una hamburguesa
(¡una vez al año no hace daño!).

100 Descolgar el teléfono antes de sumergirse en la bañera.

101 Organizar un fin de semana para chicas/chicos.

102 Estar orgulloso de las gangas compradas en la tienda de los chinos de la esquina.

103 Salir a contemplar el jardín al amanecer o al atardecer. La tranquilidad que se respira es maravillosa.

104 Comprar dos entradas para un espectáculo: una para uno mismo y otra para un ser querido (tras averiguar discretamente si él/ella está libre esa noche). Pero chitón, ¡es una sorpresa!

105 Darle un buen achuchón a nuestro(a) hijo(a).

106 Disfrutar del aroma de unas naranjas recién exprimidas y saborear el zumo de inmediato.

107 Callejear sin rumbo por una ciudad desconocida.

108 Improvisar un picnic sobre la alfombra frente a la chimenea.

109 Levantarse temprano para llegar al mercadillo antes que los demás (aunque no haya que comprar nada).

110 Llevar el desayuno a la cama
al ser querido.

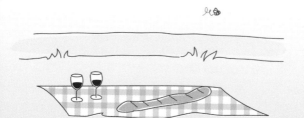 Tomar un picnic junto al agua.

112 Saborear la primera fresa, el primer tomate, el primer melocotón, el primer melón de la temporada. A ser posible muy lentamente y sin olvidar formular un deseo.

113 Acurrucarse contra la persona que acaba de deslizarse en nuestra cama.

114 Olvidarse de los papeles que hemos traído del curro a casa y, sobre todo, no culpabilizarse.

115 Degustar sin prisas un nuevo plato, un nuevo vino...

116 A la hora de acostarse, leerle un libro a un(a) niño(a) ... ¿Y por qué no a un adulto?

117 Despertarse en medio de un sueño erótico y volver a dormirse para averiguar cómo sigue.

118 Hacer oídos sordos a las críticas de los envidiosos. ¡Pero no a los consejos de los amigos!

119 Tumbarse en la cama y dar vueltas. ¡Es fabuloso disponer de todo el espacio para uno(a) mismo(a)!

120 Pintar la cocina de color rosa.

121 Abrir la ventana para contemplar la luna llena.

122 En verano, preparar una limonada: zumo de limón + azúcar + agua con gas... Servir muy fría.

123 Decorar el árbol de Navidad.

Pues si...

124 Pensar en todas las cosas bonitas que hemos hecho y sentirse orgulloso(a).

⭐125 Jugar a saltar olas.

🏷 Escoger con calma un bonito fondo de pantalla para nuestro ordenador.

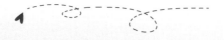

🏷 Pintar huevos de Pascua.

128 Decidir que esta noche vamos a escuchar REALMENTE música. Descolgar el teléfono, prepararse un té o servirse una copa de vino y dejarlos al alcance de la mano, tumbarse en el sofá con un buen cojín (o una manta según la estación), poner en marcha el CD... ¡y dejarse transportar!

🌟129 Cenar al aire libre bajo un cielo estrellado.

🌟130 Probarse sombreros con una amiga... "¡No!, ¿has visto qué pinta tienes?"

131 Pasar horas hablando por teléfono con un(a) amigo(a).

132 Improvisar una velada con amigos.

133 Participar en una batalla de bolas de nieve.

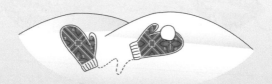

134 Intercambiar una sonrisa con un(a) desconocido(a).

135 Sentarse en una terraza y ver pasar a la gente.

136 Jugar a las adivinanzas; al ni sí ni no; a las prendas; a palabras encadenadas; a Juan dice; a piedra, papel, tijera; a veo veo... ¿No conoces palabras encadenadas? El primer jugador dice una palabra y el siguiente debe decir otra que empiece con la última sílaba o letra de la palabra anterior: cola, lavabo, botón, tonel, elefante...

137 Poner las uñas en remojo en agua de rosa/zumo de limón... ¡Les va tan bien!

138 Caminar por una playa desierta con los pies en el agua

139 Decidir cambiar la decoración de casa...¡y hacerlo!

140 Preparar una velada de pijama-bandeja-tele. Ponerse cómodo... y ¡a disfrutar!

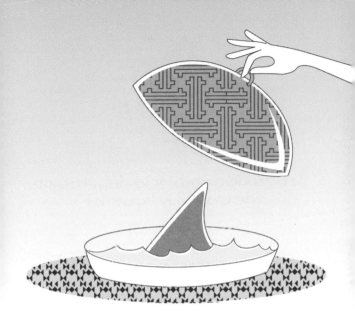

[14] Estudiar la carta de un restaurante, descubrir algo totalmente nuevo... y dejarse tentar.

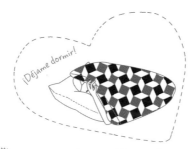

¡Déjame dormir!

142 Despertar al hombre/mujer de nuestra vida con un ramo de flores.

143 Después de un día de compras, darse un baño de pies en agua tibia en la que se ha disuelto un puñado de sal gorda.

✳ 144 Refrescante sangría: vino tinto + azúcar + zumo de naranja y limón + trozos de melocotón, manzana u otras frutas de temporada + canela + refresco de naranja o limón con gas + chorrito de coñac, ron o vermut. Poner la jarra en la nevera y servir muy fría.

145 Llevar al hombre/mujer de nuestra vida a un destino desconocido.

146 Tener previsto preparar una cena selecta para unos amigos... y decidir llamar a una empresa de catering para aprovechar mejor la velada.

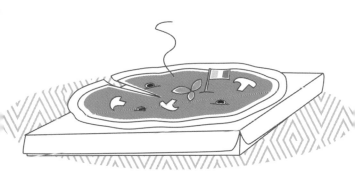

147 Reservar un buen libro para un viaje en tren.

148 Beber una cerveza helada en verano cuando hace mucho calor.

Título original: 300 Idées pratiques pour être heureux

© 2011, Éditions du Chêne – Hachette Livre.

© 2011, Ediciones Robinbook, s.l., Barcelona

Diseño de cubierta e interior: Media Circus

978-84-9917-134-0

Depósito legal: B-23.864-2011

R&R IMPRESSORS, C/. Óptica, 12 Nave 21, Pol. Ind. Sta. Rita,
08755 - Castellbisbal

Impreso en España - Printed in Spain

Otros títulos de **LIBROAMIGO**

Be happy (sé feliz)
Un pequeño libro
que te ayuda a ser feliz.

**Happy mami
(una mamá feliz)**
Un libro para las que acaban de ser mamás o están a punto de serlo.

The book of love
(El libro del amor)

Todo lo que necesitas es amor, y todo el amor del mundo está en este libro.

Happy love
(amor feliz)

Un libro para compartir emociones con la persona estimada, un pequeño libro para enamorados.

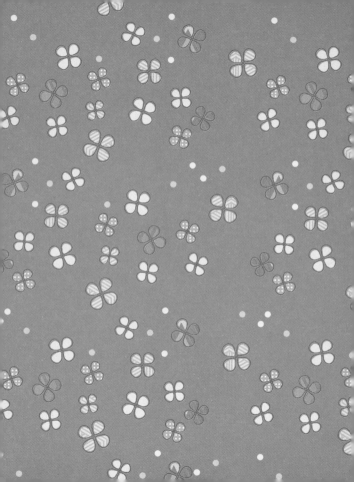